AF498151

SUITE DES IDÉES

PROPOSÉES
AU GOUVERNEMENT,

ET PRÉSENTÉES
AU ROI ET A LA FAMILLE ROYALE,

PAR LE COMTE DE THELIS,

Lieutenant aux Gardes Françoises,

Sur l'administration des Chemins ;

SUIVIES d'un détail de ceux qu'il a fait faire à prix d'argent par des Soldats & des Paysans dans les deux Provinces où ses Terres sont situées,

TERMINÉES par un Plan d'éducation Cytoyenne & Militaire, rélative à leur confection.

Part. II.

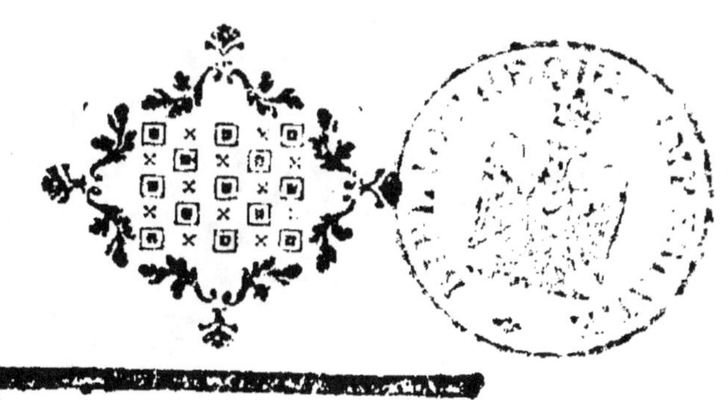

M. DCC. LXXVIII.

COPIE de la Lettre de M. le Comte de MAUREPAS, Miniſtre d'Etat, au Comte DE THELIS.

LE Roi eſt informé, Monſieur, des idées que vous avez commencé à exécuter pour la conſtruction des Chemins ; Sa Majeſté vous ſait gré de votre zèle, & m'a permis de vous le témoigner ; vous pouvez lui préſenter la ſuite de vos travaux. Le Roi diſtinguera toujours du commun de ſes ſujets ceux qui s'occupent du bonheur public, & recevra avec plaiſir les idées qui y ſont rélatives, ſon intention étant de n'adopter que celles qui rempliront le mieux ce but. Je ſuis, &c.

A Verſailles, le 8 Sept. 1775.

DÉTAIL

Des Travaux que le Comte de Thelis a fait faire en Bourgogne pendant les mois d'Octobre, Novembre & Décembre 1777.

Le Comte de Thelis a commencé ses travaux par la construction d'un étang pour faciliter le flottage des bois, craignant que le Sergent & les Soldats qu'il avoit fait venir de Paris ne fussent pas assez instruits dans les commencemens pour employer l'argent destiné aux chemins qu'on vouloit bien lui confier : les mêmes raisons l'ont empêché de prendre des enfans orphelins dans ces premiers momens.

Cet étang, dont la chaussée a soixante-cinq toises de longueur sur dix pieds de hauteur vers la bonde, contient deux cent trente-neuf toises cubes; elle a quatre pieds de large à son couronnement, &

A 3

trois pieds par pied de talut intérieur, ou trente pieds d'empatement en dedans de l'étang, & deux pieds par pied de talut extérieur, ou vingt pieds d'empatement en dehors de l'étang.

Le Conroi a été fait de six pieds de large vers la bonde, & de deux pieds de large dans tout le reste de la chauffée, fondée de trois ou quatre pieds au moins au deffous du terre plein, & jufqu'à huit ou neuf pieds dans le tiers de la chauffée, parce que le fol n'étoit que du fable, ce qui a obligé de tranfporter beaucoup de terre glaife d'un côté du vallon à l'autre, le fol d'un côté étant de la glaife, & l'autre du fable.

Le Sergent, les quatre Soldats, les Pionniers, & les quatre Enfants qui ont été employés à la conftruction de cet étang ont dépenfé huit cent livres; le bois employé pour la bonde ou le déchargeoir eft de valeur de cent cinquante livres; la façon des charpentiers a coûté cinquante livres : ce qui fait environ mille livres pour la totalité de la dépenfe.

Le lit du ruiffeau qui paffe dans le vallon où cet étang a été conftruit, étant fort tortueux, & embarraffé de racine, on a été obligé de faire un nouveau lit de fix pieds de large fur

.ux ou trois de profondeur. La terre
.e ce nouveau lit a été transportée prefque par-tout dans l'ancien à la brouette,
néanmoins ce petit canal qui a mille cinq
cens toifes de longueur n'a coûté que
trois cens livres, ce qui fait quatre fols
la toife courante l'une dans l'autre.

Cette conftruction ne fut pas plutôt
achevée, que l'on boucha l'étang, &
on voitura environ cinquante voies de
bois au-deffous pour effayer un fiot.

Le Comte de Thelis étant preffé
d'aller en Forez, tant pour former fon
nouvel établiffement pour les Chemins,
que pour examiner les armes du Régiment des Gardes dont on l'avoit chargé,
n'eut pas le temps d'attendre que cet
étang fut totalement plein ; il étoit environ au tiers quand on leva la bonde
ou empalement, dont l'ouverture a
dix-huit pouces de hauteur fur dix-neuf
de large. La pelle levée feulement de
quatre pouces, donna affez d'eau pour
tranfporter le bois à plein canal. Le bois
fut jetté en moins d'une heure, & la
tête du flot parcouru cet efpace de mille
cinq cens toifes en demi-heure. Le bois
alla tout feul, & il ne fallut aucun ou-
vrier pour le conduire.

Le bois arrivé à l'ancien lit tortueux

& embarrassé de racine, alloit quatre fois moins vîte, & les buches qui s'arrêtoient dans les inégalités de la riviere, obligeoient dix-huit ouvriers à pousser les buches fréquemment ; de sorte que d'après cette expérience, & celles qui ont été faites en ce genre, il y auroit un grand profit pour le public d'avoir par-tout des étangs pour favoriser le flottage. On gagneroit encore à faire à leur suite de pareils canaux qui seroient toujours plus commodes pour le flottage que le lit ordinaire des rivieres, souvent plus dispendieux à nettoyer que l'ouverture d'un lit neuf pour les petits ruisseaux. On pourroit même se servir de ces petits canaux en bien des lieux pour irriger des prairies, lesquels procureroient un double avantage.

Pendant ce flot les Soldats & Pionniers furent occupés à réparer six cens toises de chemin dans la Paroisse du Breuil, qui depuis cinq ans ne l'avoient point été ; il n'en coûta cependant que deux sols la toise courante l'une dans l'autre.

Dans le même temps qu'on s'occupoit de ces divers travaux, le nommé Claude Minard, un des censitaires du Comte de Thelis, vint le trouver pour lui expoſer que puiſqu'il mettoit toute ſa ſatisfaction à faire le bien, il venoit le prier de lui rendre un des plus grands ſervices qu'il put jamais deſirer ; c'étoit d'affranchir ſes fonds des cens qu'il lui devoit, objet d'environ vingt-deux ou vingt-trois livres par année, & offrit en même temps de paier mille livres pour cet affranchiſſement en y comprenant le droit de lod, & quelques corvées dont il étoit chargé, & ſur-tout de la ſolidité dont il étoit tenu pour d'autres cens quatre fois plus forts que ceux qu'ils devoit, leſquels étoient affectés tant ſur ſes fonds que ſur ceux qu'ils ne poſſédoit pas.

Le Comte de Thelis lui promit d'examiner ſa propoſition, & lui dit de revenir quelques jours après, pendant leſquels il raſſembla les raiſons qui pouvoient le déterminer à accepter ou refuſer cette propoſition. Elles lui ont paru ſi intéreſſantes, qu'il n'éſite pas d'en rendre compte d'après la Lettre que M. le Comte de Maurepas lui a écrite, par laquelle Sa Majeſté annonce qu'elle verra toujours avec plaiſir ce qui peut contribuer au bonheur public.

On commencera d'abord par le recit de ce qui eſt arrivé au Comte de Thelis à l'occaſion de ce genre de bien.

1°. Il poſſéde des vignes en Bourgogne qui ſont chargées d'un cens de
ſix feuillettes & vingt-huit pintes de vin
par an ; cette rente qui eſt en totalité
de dix-huit feuillettes eſt affectée ſur les
vignes de pluſieurs autres propriétaires, qui tous ſont ſolidaires avec le
Comte de Thelis pour la totalité du
cens.

Cette rente avoit été paiée par les
ancêtres du Comte de Thelis ſur le
pied de ſix feuillettes juſtes pendant un
très-grand nombre d'années ; mais les
Bénédictins de Saint-Marcel de Châ-
lon, à qui appartiennent ces rentes,
ayant fait aſſigner l'un des propriétaires
de ces vignes pour paier tous les arrérages depuis vingt neuf années en deniers ou quittances, ce co-poſſeſſeur fut
d'abord contraint de paier, ſauf ſon
recours contre les autres tenanciers : il
fit enſuite faire un nouvel arpentage
de toutes les vignes, par lequel on
reconnu que les vignes du Comte de
Thelis devoient paier vingt-huit pintes
de plus.

Ce Payſan pourſuit le Comte de
Thelis & lui demande vingt-neuf années d'arrérages de ces vingt-huit pintes ;
l'Aſſignation eſt donnée illégalement

pendant que le Comte de Thelis étoit à fon Régiment. A fon retour il apprend qu'il a un Procès, & qu'on a faifi fes vins : il confulte, on lui dit qu'il a tort dans le fond ; mais que la procédure eft irréguliere : il eft obligé de prendre un Procureur, par la voie du quel il offre les arrérages qu'il doit. La Partie adverfe refufe de les accepter & infifte fur les frais.

L'affaire étoit au Parlement de Dijon, où la multiplicité des écritures alloit obliger les Juges à faire rapporter cette affaire par un Commiffaire, ce qui auroit coûté, dit-on alors, plus de fix mille livres : dans ces circonftances, le Comte de Thelis cru devoir offrir à fa Partie adverfe une fomme plus forte que celle qui lui étoit confeillée par fon Avocat. On fit une Tranfaction, & cette affaire finie par accommodement, lui coûta cependant deux mille livres.

2°. Le Comte de Thelis poffédoit en Forez des fonds dans la Directe d'un Gentilhomme de fon voifinage, qui après lui avoir fait les premieres demandes de vingt-neuf ans de cens, les fit enfuite faire en Juftice, crainte de perdre une année d'arrérage. Le Comte de Thelis auquel le fervice Militaire ne pemettoit pas de tenir fes papiers en auſſi bon ordre que ceux du Gentilhomme voifin, ne put trouver pour lors les quittances qu'il avoit de ce cens : il fut contraint de paier les vingt-neuf années & les frais qui excédoient le montant des cens. Peu d'années après le Comte de Thelis retrouva une quittance de ce cens pour quatorze années qui lui ont été reſtituées.

3°. Il poffédoit auffi en Forez une ferme dans la Cenfive d'un de fes voifins, lequel lui fit la demande de vingt-neuf années d'arrérage en lui envoyant l'état des cens qu'il répétoit ; cet état différent un peu de ceux qui avoit été donnés précédemment, détermina le Comte de Thelis à demander du temps pour éclaircir cette petite erreur, en promettant de ne point fe prévaloir du délai demandé, & de paier toujours les vingt-neuf années échues avec celles qui écherroient à l'avenir. Peu d'années après, il eſt donné un nouvel état plus fort encore que le précédent, c'eſt-à-dire, qu'on demandoit pour chaque année un plus grand nombre de mefure de grains ; on ajoutoit que les Commiſſaires à Terriers qui venoient d'être employés

(13)

employés avoient trouvé des omissions dans le travail de ceux qui avoient précédés.

Pour refuser le paiement de la nouvelle demande, il auroit fallu prendre un Commissaire à Terrier pour en faire l'examen à dix livres par jour. La ferme avoit été vendue dans l'intervalle de ces différentes demandes, le Paysan qui l'avoit achetée, ayant refusé de paier la moitié de cet examen, le Comte de Thelis cru devoir préférer de paier les arrérages demandés, & le Paysan est chargé pour l'avenir d'un cens peut-être plus fort qu'il ne le doit.

Si le Comte de Thelis a été exposé à tant de pertes vis-à-vis de ses égaux, que doit-il arriver aux malheureux Paysans qui ne savent ni lire ni écrire, & sont par conséquent la victime de la cupidité des Procureurs, des Commissaires à Terriers, & des fermiers de ces sortes de droits, qui à l'insçu des Seigneurs perçoivent souvent plus qu'il ne leur est du?

Le Comte de Thelis convaincu de tous ces désordres, a pris le parti de recevoir lui-même les cens qui lui sont dus en Bourgogne, mais il est obligé de donner cinquante quittances par an-

B

nées pour percevoir mille livres de revenu, & de faire tous les comptes minutieux de chaque Cenfitaire qui abforbe un temps confidérable. On va voir maintenant ce qui lui eft arrivé en Forez, où fes Terriers ne font point auffi en ordre qu'en Bourgogne, par une infinité de raifons locales qu'il feroit trop long d'inférer ici.

4°. Le Comte de Thelis poffédé en Forez des Rentes Nobles éparfes dans plufieurs Paroiffes en toute proprieté ; il poffédé auffi par engagement un Terrier qui appartient au Roi. Ces différens objets ayant toujours été affermés, il auroit defiré pouvoir en favoir au jufte le produit, & en faire lui-même la Recette, par les mêmes raifons qui l'ont déterminé à la faire en Bourgogne.

Il remit à cet effet tous fes Titres entre les mains d'un Commiffaire à Terrier qui fe chargea de faire cette Recette fous la remife du cinquiéme. Qu'eft-il arrivé ? le Commiffaire à Terrier a perçu pendant quelques années les articles les plus aifés dont il a eu le cinquiéme, a laiffé les articles qui exigeoit un peu de travail. Finalement le Comte de Thelis a été obligé, pour éviter un Procès avec le Commiffaire à Terrier qui auroit obtenu délai sur délai en Justice, qui n'auroit peut-être pas eu de quoi répondre si la discussion eut été longue ; il a été nécessité de lui vendre tous ces arrérages au prix qu'a voulu ce Commissaire, ou peu s'en faut, aux conditions, à la verité, de lui remettre tous les travaux nécessaires pour faciliter cette perception ; mais qui ne font point encore remplies, quoiqu'il y ait maintenant sept années d'échues qui ne peuvent rentrer au Comte de Thelis jusqu'à ce que ce rénovateur ait rempli ses engagemens.

D'après les faits qu'on vient de rapporter, le Comte de Thelis s'est déterminé pour l'affranchissement, bien convaincu, 1°. de la cherté des rénovations. 2°. De la difficulté de trouver de bons Commissaires, qui la plupart travaillent fans principes, d'où résultent quelques erreurs si considérables fur les contenues, qu'ils les doublent & les triplent ; erreur qu'ils croient faire excufer en fe fervant du terme d'environ. 3°. De la variation journaliere des placemens par les changemens de chemins, de rivières, & fur-tout par toutes les améliorations faites en Agriculture, qui ont obligés les propriétaires de changer la nature des fonds. 4°. Il est certain que l'Agriculture souffre par la privation de l'argent employé aux Procès de ce genre, qui rendent la Noblesse paresseuse, détourne le Paysan de ses travaux, & empêchent les uns & les autres de mettre en amélioration ce qu'ils dépensent en Procès. 5°. Ce qui occasionne encore bien des Procès, est la différence des mesures dont on se sert en bien des lieux pour la contenue des fonds, notamment en Forez où la mesure appellée métérée contient, selon certains Commissaires, trois cens soixante-quinze toises quarrées ou mille cinq cens pas de trois pieds, selon d'autres deux cent soixante toises quarrées ou mille cinq cent pas de deux pieds & demi, & selon quelques autres enfin cent soixante-treize toises quarrées & un tiers, ou mille pas de deux pieds & demi. 6°. Puisque ces sortes de droits donnent tant de peine à des gens instruits, ils doivent produire bien moins aux Militaires qui n'ont pas le temps d'examiner des objets si difficultueux, & aux femmes qui ne sont pas habituées aux affaires.

Le Comte de Thelis a vu en effet plusieurs de ses voisins dans ces positions, se trouvant dans l'impossibilité de percevoir ces redevances les laisser arrérager ; les Censitaires changent pendant ce temps-là, la perception devient alors plus difficile : vient enfin un moment plus heureux où les facultés permettent de prendre un Commissaire auquel on abandonne le quart ou la moitié des échus, selon l'état des Terriers ou les lumières du Seigneur, qui toujours inférieures à celles du Commissaire, ne peut faire qu'un mauvais marché. Le Seigneur flatté quelquefois de quelques recouvremens inattendus, encourage son Agent, & avance des fonds pour Plaider. On améliorera, dit-on, un Terrier ; mais cette amélioration n'est souvent qu'une augmentation injuste des cottes des Censitaires ; le Censitaire menace-t-il de se défendre, le Commissaire lui offre de composer, lui fait quelque grace prétendue, que le Paysan accepte souvent. Mais le Commissaire disparoît-il, ou change-t-il de Province ; un nouveau Censitaire à son aise & instruit, découvre les impéritics ou la maivaise foi du Commissaire, Plaide contre le Seigneur, se réunit à d'autres Censitaires pour obtenir une diminution de cens ; le Seigneur obligé de restituer un argent dont le Commiſſaire a eu la plus grande partie, perd encore quelquefois ſa réputation, & il ne lui reſte ſouvent aucun recours contre un homme qui a délogé & ne poſſéde rien.

Le Comte de Thelis, auſſi touché des malheurs auxquels ſont expoſés les Cenſitaires, qu'à ceux mêmes des Seigneurs, s'eſt déterminé à accepter les propoſitions de Claude Minard. Il a affranchi ſes fonds pour mille livres, des cens, lods, corvées, & de la ſolidité dont ils étoient grevés ; lui a ſeulement laiſſé un denier de cens pour que ledit Claude Minard ne fut pas ſujet à paier le droit de Franc-fief ; & ne s'eſt réſervé que les droits Honorifiques, qui ſont néceſſaires pour conſerver une diſtinction utile entre les Nobles & le Peuple.

DÉTAIL des Travaux faits en Forez pendant les mois de Janvier, Février, Mars, Avril, Mai & Juin 1778.

LE Comte de Thelis a d'abord fait réparer deux breches que la Loire avoit faite ſur la Route de Lyon à Clermont près Feurs, dont l'une avoit douze toiſes de longueur, dix-huit pieds de largeur, & autant de profondeur. Le Pont qui étoit fur cette partie de chauffée avoit été emporté par les eaux. Cette premiere réparation a coûté trois cens livres.

La feconde bréche près la riviere de Lignon avoit feize toifes de longueur & quinze pieds de profondeur, il en a coûté trois cens livres, non compris les voitures fournies par les métayers du Comte de Thelis, & fes chevaux qui y ont été employés, fans quoi cette dépenfe auroit excédé quatre cent livres, attendu le talent confidérable qu'il a fallu donner fur le bord de la riviere.

Cette chauffée, dont il a été rendu compte dans la premiere partie de cet Ouvrage, ayant été furpaffée dans un autre endroit par ce débordement extraordinaire, il a fallu l'élever encore de fix pouces, ce qui a coûté huit fols la toife courante ; au moyen de quoi cette chauffée n'a plus que feize pieds à fon couronnement, ce qui eft trop étroit pour une grande Route. Elle auroit befoin d'être élargie de quatre pieds, ce qui feroit fuffifant.

On avoit d'abord voituré du fable & du gravier fur une partie de ce chemin en chauffée ; mais il a fallu y voiturer enfuite de la bonne terre pour les lier emfemble, ce qui rend maintenant le chemin plus folide & plus uni.

On fit enfuite fur les bords de la riviere de Lignon des petites digues pour empêcher cette riviere de ruiner le chemin, lefquelles ont été faites avec des piquets de chêne enfoncés au maillet, & entrelaffés de branches, détaillées chargées en avant de gravier, qui a été tranfporté à la brouette. Ces quatre petites digues, qui ont environ dix à douze toifes de longueur l'une dans l'autre, n'ont coûté que quatre-vingt dix livres, non compris, à la verité le bois, objet d'environ trente livres que le Comte de Thelis a fourni.

Pour defcendre de cette chauffée fur le bord de la riviere de Lignon, le Comte de Thelis y a fait faire une rampe de dix-huit pieds de large, de vingt-huit toifes de longueur fur quatre pouces de pente par toife; le gravier pour la ferrer a été pris de l'autre côté de la riviere, on mettoit les brouettes dans un bâteau, qu'une partie des ouvriers menoient fur le chemin pendant que les autres les chargeoient. Cette rampe qui a cinq pieds de hauteur vers la chauffée, & va en diminuant jufqu'au bord de la riviere, a coûté cinquante-une livres y compris le ferré. Il feroit extrêmement néceffaire de faire de pareilles rampes à tous les abords des bâteaux ; ils ont très-communément un pied de pente par toife, quelquefois plus, ce qui occafionne des accidens fréquens, foit à l'entrée foit à la fortie des bâteaux.

Cette rampe, l'exhauffement de la chauffée, & la réparation du chemin fur l'étendue de mille foixante-onze toifes a coûté trois cens vingt-fept liv.

La feconde partie de cette même Route qu'on a réparée, étoit un chemin fait fur vingt-quatre pieds de large en 1772, que les cultivateurs avoient repris fur le public, quoiqu'elle eut été cedée par le propriétaire; ce qui prouve la né-ceffité de faire des foffés pour fervir de borne & empêcher les cultivateurs de s'emparer des chemins, ce qui n'eft que trop ordinaire, la plupart les changent même fouvent de place lorfque les terres ne fe fement que tous les deux ans, ce qui rend les chemins toujours mauvais : ce chemin a été remis à dix-huit pieds de large, & on y a fait des foffés de trois pieds de large de chaque côté fur un pied & demi de profondeur ; la toife courante a coûté dans cette partie trois fols : cette seconde partie a coûté cent vingt-six liv. dont trois cens toises ont été faites à neuf, & les cent vingt-sept toises res- tantes de cette seconde partie, ont été seulement réparées : cette réparation a coûté un peu plus que les autres à cause d'une chaussée d'étang sur laquelle passe le chemin, que par rapport à la neige qui tomba dans ce temps-là ; car tous les che- mins faits ou réparés en hyver, coûteront toujours plus que dans la belle saison, & ne seront jamais aussi bien faits. On doit faire observer ici que tous les che- mins qui passent sur les chaussées d'étang, sont toujours sujets à de grosses répara- tions, peuvent être impraticables d'un moment à l'autre, & sont sujets à des accidens lorsque les chevaux sont om- brageux.

La troisiéme partie de cette Route, est quatre cens toises de chemin neuf sur la même ligne droite, dans des fonds que M. de Poncins, ancien Officier aux Gar- des Françoises, a bien voulu ceder au Public ; le sol étoit glaiseux ; il y avoit des fossés & des ravins à combler ; néan- moins la toise courante n'a coûté l'une dans l'autre que six sols & demi, ce qui fait cent trente-une liv. pour cette partie, qui a été ferrée depuis par les corvées ;

mais quelque attention qu'y ait apporté le Directeur, les uns y ont voituré des terres trop graffes, les autres y ont mis une trop grande quantité de gravier, ce qui a augmenté la dépenfe, tant il eft difficile de mettre de l'enfemble & de l'ordre parmi des gens qui ne connoiffent point la fubordination, & qui font défiorientés, dès qu'il eft queftion d'un travail auquel ils ne font pas habitués.

Le 11 Mars on avoit dépenfé en total fur la Route de Lyon à Clermont mille deux cens foixante quatorze livres, dont fix cens livres doivent être rembourfées au Comte de Thelis par les deux Communautés voifines, dont il avoit fait prendre l'adjudication pour faire part au Public de l'emploi de cet argent, & pour que le chemin fut mieux fait.

On fit peu de temps après bomber cent vingt toifes de chemin fur cette même Route fur quatre pouces de pente par toife, & dix-huit pieds de large, fur les bords de la Loire, qu'on a recouvert enfuite de fix pouces de gravier, ce qui a coûté vingt-quatre livres pour le nivellement. Les Habitans de la Paroiffe de Clépé ont voituré le gravier pour le ferrer, ce qui auroit coûté un peu plus que le nivellement que le Comte de Thelis avoit fait faire à la décharge de ses Habitans qui y auroient perdu beaucoup de temps : ainsi la dépense totale faite par le Comte de Thelis sur la Route de Lyon à Clermont par Feurs, monte à mille deux cens quatre-vingt dix-huit livres.

ÉTAT de la dépense, & du toisé du Chemin de Feurs à Montbrison.

LE 12 Mars on commença a travailler au chemin de Feurs à Montbrison ; un Camp fut établi à cet effet sur les lieux, où furent transportés tous les outils nécessaires, pour que les ouvriers ne perdissent pas un moment.

La premiere partie de cent quatrevingt dix-neuf toises étoit un chemin creux de vingt quatre pieds de large, dont les terres avoient été prises pour élever la chaussée faite par corvée, dont il a déja été parlé dans cet Ouvrage. Cette partie de chemin, qui a neuf à dix pieds de profondeur en quelques endroits, n'étoit ni bombée ni fossoyée, de sorte que les sources qui jaillissoient

des

des deux côtés formoient des glaces pendant l'hyver qui rendoient ce chemin très-mauvais.

Il en a coûté pour y faire des foſſés de trois pieds de large & recharger le milieu pour le bomber ſur deux pouces de pente par toiſe quatre-vingt quatre livres douze ſols, il en eut coûté moitié moins ſi ce chemin n'avoit eu que dix-huit pieds de large, parce qu'il faut brouetter une partie des terres lorſque la largeur des chemins excédent dix-huit pieds. Or comme cette largeur de dix-huit pieds eſt bien ſuffiſante pour que deux voitures paſſent à côté l'une de l'autre de quelque matière qu'elles ſoient chargées ; on penſe qu'il ne devroit en être ouvert ſur une plus grande largeur qu'aux abords des grandes Villes, ou ſur des Routes extraordinairement fréquentées : car dans les déblais ou remblais faits dans les Montagnes, un chemin de vingt-quatre pieds de large pourra coûter quelquefois le triple & le quadruple d'un chemin qui n'en n'aura que dix-huit ; mais dans les rochers où les pentes ſont ordinairement plus fortes, ſix pieds de largeur de plus peut coûter infiniment d'avantage.

La ſeconde partie de quatre cens quarante toiſes faite ſur dix-huit pieds de large avec des foſſés de trois pieds, a coûté cent cinquante-trois livres. Sça-voir : quatre ſols ſix deniers la toiſe courante dans les terres où le chemin a été tracé en ligne droite du conſente-ment de M. de Bigny, qui a bien voulu ceder ce terrein au Public ; & la toiſe courante dans les endroits où il a fallu arracher des hayes & des arbres pour élargir le chemin a coûté treize ſols ; le premier particulier qui a conſenti à cet élargiſſement a reçu pour dédom-magement du terrain qu'il avoit cedé vingt-cinq livres ſeize ſols ; on lui a fait faire une autre haye pour que ſon champ fut clos comme il l'étoit auparavant.

On obſervera à ce ſujet que lorſqu'il y a une Loi dans un pays qui y déter-mine la largeur des chemins, les pro-priétaires ne peuvent ſe refuſer à l'élar-giſſement fixé par la Loi ; mais lorſque la Loi n'a rien déterminé, l'élargiſſe-ment devroit être paié aux propriétaires comme une Route nouvelle, ſauf au propriétaire dédommagé à paier ſa cotte part des dédommagemens & frais de conſtruction. En Bourgogne, par exem-ple, où pluſieurs Arrêts du Parlement, & nombre d'Ordonnances, de MM. les

.Elus chargés de cette partie de l'admi-
niftration, ont fixés la largeur des chemins de Paroiffe à Paroiffe & de Village à Village à dix-huit pieds ; nul
propriétaire ne peut s'y refufer ; mais en
Forez où il n'y à jamais eu de Loi
précife à ce fujet, un propriétaire feroit
en droit de demander un dédommage-
ment. Il eft vrai que par-tout, lorfque
les chemins font une fois élargis, & que
le Public en a joui, il devroit être
défendu, fous peine d'amende pour la
Nobleffe & de prifon pour le Peuple,
d'y faire aucune efpèce de dégradation.
Il devroit être établi à cet effet des
Commiffaires qui n'auroient dans leur
diftrict que le nombre de Paroiffes qu'ils
pourroient furveiller. S'ils étoient paiés,
ils rendroient compte au Subdélégué,
& ce dernier aux Intendans : mais fi
les Militaires fe chargeoient de la conftruction des chemins de leur voifinage,
ils pourroient fe charger de cette infpec-
tion qui ne coûteroit alors rien à l'Etat,
& feroit peut-être mieux faite ; car ce
qu'on fait par honneur eft toujours
mieux fait que ce qu'on fait par un
motif pécuniaire. Cependant il feroit
toujours néceffaire que les Jugemens
rendus contre les infracteurs fuffent pu-

bliés dans les Paroisses voisines du délit, non-seulement pour servir d'exemple, mais pour obliger les Commissaires à mettre plus d'équité dans leurs Jugements, étant plus facile de tromper un supérieur que de tromper le Public.

La troisiéme partie de deux cens dix-neuf toises, faite ainsi que tout le reste de la Route sur dix-huit pieds de large, a été tracé en tournant une montagne de soixante-treize pieds de hauteur. Le chemin étoit si mauvais dans cette partie, que pendant qu'on travailloit à faire un chemin neuf, il passa deux rouliers dans le vieux dont les charrettes atelées de quatre chevaux ne purent monter la montagne à diverses reprises qu'en attelant sept chevaux à chaque charrette, encore fallut-il dix-huit ouvriers pour leur aider. Le nouveau chemin fait dans cette partie ne monte que de quatre pouces par toise ; il y a eu des déblais à faire de sept à huit pieds dans quelques endroits ; on y a arraché plusieurs arbres & beaucoup de taillis en traversant la garenne de M. de Poncins, sur un espace de cent trente-huit toises qu'il a bien voulu ceder au Public. La dépense faite à cette montagne sur l'étendue de deux cens dix-neuf toises a coûté trois cens dix livres un fol, ce qui fait environ vingt-fept fols la toife courante.

La quatriéme partie de fept cens quarante-neuf toifes, a été tracée en ligne droite du confentement des propriétaires qui ont pouffé leur générofité jufqu'à laiffer couper leurs bleds, notamment M. de Poncins une piéce de deux cens foixante-dix toifes ; le fieur Farley quatre-vingt-fix toifes, le fieur Magat foixante-quatorze toifes, & le fieur Chaffain foixante-dix-neuf toifes : les deux cens quarante toifes reftantes ont été tracées dans des terres labourées. Cette partie a coûté cent foixante-dix-neuf livres onze fols.

La cinquiéme partie de mille huit cens fix toifes, a été tracée auffi en ligne droite du confentement des propriétaires. Ceux qui ont fait les plus grands facrifices dans cette partie, font M. de Borne qui a laiffé couper une piéce de bléd dans la longeur de trois cens vingt-quatre toifes. M. de Poncins, M. le Conte & quelqu'autres perfonnes en ont laiffé couper d'autres parties, le furplus étoit des terres labourées. Cette partie de chemin qui a coûté quatre cens cinquante-trois livres deux fols, eft placée fur un fol fi fablonneux, qu'on fera obligé d'en ferrer cinq à fix cens toifes avec de la glaife qu'on trouve prefque par-tout en cet endroit en creufant quelques pieds. On a lieu de conjecturer que deux ou trois pouces de glaife donneront à ces fables de la liaifon, puifque les parties qui ont été un peu mélangées avec la glaife trouvée dans les foffés, fe font raffermies. On croit cependant que s'il paffoit fouvent dans ce chemin des voitures chargées de cinq à fix milliers, on feroit obligé d'y joindre un peu de gravier. Cette cinquiéme partie abouti à un orme de remarque, fi beau, qu'on la laiffé au milieu du chemin ; on a fait autour de l'arbre une étoile de dix toifes de diametre, & autour de fon pied un banc de gazon pour repofer & rafraîchir les voyageurs.

La fixiéme partie de cinq cens dix toifes a été tracée partie en ligne droite, partie en fuivant l'ancien chemin jufqu'à un étang, à travers duquel paffent quelques voyageurs. On projette de faire une chauffée au-deffus du chemin de quatre pieds de hauteur, qui coûtera quatre fois moins que d'élever le chemin à cette même dimention. En attendant que cet étang soit pêché & qu'on puisse continuer la Route qui a été faite jusqu'au bord de l'eau, on a reparé & nivelé l'ancien qui fait le tour de l'étang. M. Duguet a laissé coupé dans cette partie de très-beaux bléds, soit pour aligner, soit pour élargir le chemin. M. le Curé de Magnieu, M. le Comte, & le sieur Jacquet en ont aussi laissé couper ; c'est dans cette partie qui a coûté cent quarante-sept livres dix-sept sols qu'on a commencé à faire des fossés de quatre pieds de large, ayant reconnu que ceux qui n'avoient que trois pieds étoient trop étroits à cause des talus qu'on a été obligé de leur donner, le sol étant presque par-tout sablonneux.

La septiéme partie de six cens soixante toises commençant à l'étang Jangoulain, a été tracée en ligne courbe en suivant aussi l'ancien chemin ou à-peu-près. Les propriétaires se sont cependant prêté à l'élargissement, notamment M. de Borrevert qui a laissé coupé de très-beaux bleds, dont une partie a été traversée en entier en abandonnant entiérement l'ancienne Route. M. l'Abbé Bourg a promis de faire faire à ses frais, après la moisson, la partie qui fait un petit détour. Cette septiéme partie a coûté deux cens vingt-trois liv. dix sols.

La huitiéme partie de sept cens trente-quatre toises finie le 9 Mai, a coûté deux cens cinquante-six livres quinze sols neuf deniers. On a suivit l'ancienne Route en quelques endroits ; on a coupé en ligne droite en quelques autres , partout cependant le chemin à dix-huit pieds de large , non compris les fossés qui en ont quatre , ce qui fait vingt-six pieds que les propriétaires ont cedés. Quoique le sol fut sablonneux , mélangé de quelques parties de glaise , la dépense a été un peu plus forte, parce que les chaleurs commençoient a rendre la terre plus dure.

La neuviéme partie de six cens quatre-vingt-dix toises finie le 16 mai , a coûté deux cens soixante-quinze livres six sols trois deniers , & se termine à la rivière de Vizéfy , sur laquelle M. Delamure zelé patriote a fait faire à ses frais un petit pont en bois , sur lequel peuvent passer les gens de pieds , & même les chevaux dans un pressant besoin ; ce bon patriote a laissé couper ses bleds & aligner le chemin dans plus de la moitié de cette partie. Pour rendre le gué de cette rivière plus facile, on y a adouci les pentes ; la plus forte n'est que de quatre pouces par toises.

La dixiéme partie de sept cens toises finie le vingt-trois Mai, a coûté deux cens soixante-onze livres dix-sept sols neuf deniers. Il a fallu dans cette partie traverser le Village de Champ, dont le sol glaizeux a de beaucoup augmenté la dépense ; après le Village il y a près de six cens toises tracées en ligne droite dans les terres de M. Delamure, un de ceux qui a fait le plus grand sacrifice.

La onziéme partie de six cens toises a coûté deux cens trente-sept livres quatorze sols, dont les deux tiers ont été tracés en ligne droite dans les bléds & terres labourées de M. Delamure & de M. Demarcilly.

La douziéme partie de quatre cens dix toises, finie le 6 Juin, a coûté deux cens soixante-onze livres dix-neuf sols six deniers. La dépense a été plus forte que les autres, parce qu'on a suivit partout l'ancien chemin, lequel étant plus bas que les terres voisines, & ayant des cavités de distance en distance a exigé des remblais dont partie n'a pû se faire qu'à la brouette.

La treiziéme partie de deux cens quarante toises finie le 13 Juin, a coûté deux cens quarante-sept livres douze fols, ce qui eſt encore plus diſpendieux que la précédente partie ; mais il a fallu faire deux rampes pour aborder la chauſfée d'un étang où il a fallu un remblai de trois à quatre pieds ; cette chauſſée même a exigé une dépenſe plus forte qu'un chemin ordinaire.

La quatorziéme partie de deux cens ſoixante-quinze toiſes, a coûté deux cens cinquante-huit livres quatre ſols trois deniers ; il s'eſt trouvé dans cette partie & dans la précédente des prairies à traverſer, où le chemin étoit ſi mauvais & ſi rempli de cavités, que pour l'élever au-deſſus du niveau des prairies qui ſont très-expoſée aux inondations, on a fait un remblai d'environ deux pieds : il s'eſt trouvé heureuſement dans la prairie voiſine des ſables qui ont ſervi à ferrer ce chemin qui en avoit beſoin. On y a fait deux caſſis pour l'écoulement des eaux, en attendant qu'on puiſſe y faire un pont ; on pourra encore élever ce chemin ſi on le juge néceſſaire après les premieres inondations, & élargir les foſſés auxquels on a donné en attendant ſix pieds de large, non compris leurs taluts.

La quinziéme partie ſinie le vingt-ſept Juin de deux cens quarante-cinq toiſes, a coûté deux cens soixante-trois liv. onze s. neuf deniers ; cette partie a été dispendieuse, parce qu'il a fallu creuser les fossés dans des terres grasses avec le pic, & parce qu'il s'est trouvé une autre partie entre des prairies si concaves, que le chemin servoit à l'écoulement des eaux, ce qui le rendoit inpraticable pendant les gelées. On a été obligé pour rendre le chemin convexe & le bomber sur cinq pouces de pente par toise, de jetter deux pieds de terre dans le milieu.

La seiziéme partie finie le 4 Juillet de soixante-quinze toises, dont cinquante faite en chaussée & vingt-cinq reparée, a coûté quatre-vingt-trois liv. sept sols six deniers.

La moisson étant survenue, les ouvriars n'ont pas voulu continuer ces travaux, ce qui reste a faire consiste en sept cens vingt toises, dont près de la moitié a des fossés de chaque côté & a dix-huit pieds de large. C'est à ce point que se réunisse deux chemins qui aboutissent à deux portes différentes de la Ville.

La totalité de la dépense qui a été faite sur l'étendue de huit mille cinq cens cinquante-deux toises, a coûté trois mille sept cens quarante-trois livres dix-sept sols neuf deniers, ce qui fait huit sols neuf deniers la toise courante.

Il n'est pas douteux que lorsque les ouvriers connoîtront ces sortes de travaux, on pourra les donner à prix fait au rabais, ce qui coûteroit au moins un tiers meilleur marché.

OBSERVATIONS

OBSERVATIONS.

LE chemin de Feurs à Montbrifon n'étoit pas encore fini que les foffés ont été comblés par les cultivateurs en plus de cens endroits différens ; il en eft même un qui non content de combler le foffé a jeté l'eau qui y couloit dans un chemin qui va de cette Route à un Village voifin, en lui faifant traverfer le chemin, ce qui n'a pu être fait fans creufer le chemin. Un des cultivateur de M. Debigny eft le feul qui ait fait fur les foffés de ce chemin deux petits ponts en bois pour ne pas interrompre le cours des eaux. M. le Curé de Champ a fait plus encore, quoiqu'il ne jouiffe que d'une portion congrue. Il a fait faire à fes frais une conduite en maçonnerie fur le foffé qui paffe devant fa porte pour laiffer l'écoulement aux eaux, ce qui fait voir la néceffité d'une loi qui fixe une peine, fans laquelle les plus riches dégraderoient peut-être autant les chemins que les pauvres.

Dans le cours des travaux faits fur la Route de Feurs à Montbrifon, on a fait quatorze Camps différens ; c'étoit l'affaire de deux ou trois heures pour quatre ouvriers & quelques enfans. Lorsque le Camp se trouvoit un peu éloigné du travail, on faisoit la soupe à portée, & on faisoit garder les Tentes par un des enfans, ou par une des Vivandiéres qui s'y occupoit à racommoder les Tentes & les vêtemens des enfans.

On ne sauroit faire trop l'éloge du sieur Jourdan, ancien Sergent du Régiment des Gardes Françoises, lequel s'est conduit pendant neuf mois avec tout le zèle possible ; il a par conséquent beaucoup contribué au succès de tous ces travaux ; il est vrai aussi qu'il a été bien secondé par le nommé Duchamp, Caporal au même Régiment & par les nommés Drouhin & Ferriere, Soldats du même Corps ; le sieur Drouhin surtout s'est conduit pendant neuf mois avec beaucoup d'intelligence & de zèle.

La satisfaction que le Comte de Theïis a eu avec ces braves Militaires, lui fait desirer de n'avoir que des Soldats & de jeunes éleves qu'on choisira parmi les plus pauvres, en donnant néanmoins la préférence aux orphelins qui trouvent souvent plus de secours chez les fermiers & cultivateurs du Pays, que les enfans des pauvres journaliers & des veuves, ce qui a empêché le Comte de Thelis d'en avoir un aussi grand nombre qu'il avoit projeté.

Si d'un côté le Comte de Thelis a lieu de se louer du zèle, de l'honneur, de la sensibilité, & de l'adresse des Soldats qu'il a employé, il a éprouvé tant de mécontentement des Pionniers, qu'il convient aujourd'hui qu'il n'en coûteroit gueres plus de n'employer à ces sortes de travaux que des Soldats & des enfans. Il croit que les Soldats, une fois instruits & habitués à ce genre de travail, feront plus d'ouvrages que les Pionniers & mieux qu'eux. Ce seroit en outre des hommes dévoués à l'Etat, dont on tirera toujours un meilleur parti que des ouvriers indisciplinés, insensibles aux reproches, & qui quittent les travaux à chaque instant, ce qui a beaucoup préjudicié aux progrès de ce genre d'occupation. La malpropreté des pionniers a été encore un autre inconvénient pour l'éducation des pauvres petits enfans avec lesquels ils vivoient.

Le Comte de Thelis désireroit aussi que le sort des enfans fut amélioré ; car puisqu'ils travaillent plus que les autres enfans du Pays auxquels ils doivent ſervir d'exemple, & qu'ils ont moins de liberté qu'eux, il ſeroit juſte qu'ils fuſſent un peu mieux nourris & un peu mieux vêtus, pour donner le goût du travail aux autres & leur faire envie. Juſques à préſent le Comte de Thelis n'avoit oſé les nourrir & les habiller mieux que les Payſans pauvres, ce qui a fait préférer à quelques-uns de mandier. Leur vêtement n'avoit coûté juſqu'à preſent que vingt-cinq livres pour une veſte, une culotte, un gilet, un chapeau, un bonnet, deux chemiſes & une paire de ſabots. On leur a cependant acheté par la ſuite des ſouliers & deux chemiſes de plus. Quant à leur nourriture, elle n'a gueres coûté plus de ſix ſo¹s par jour chacun depuis le commençement de l'année ; néanmoins leur force & leur adreſſe augmente chaque jour. La dépenſe qu'ils ont faite ne montoit au premier Juillet qu'à cinq cens ſix livres ſix ſols ſix deniers. Or comme le Comte de Thelis avoit reçu pour eux huit cens quatre-vingt quatorze liv. ſelon l'état dépoſé chez M. Duclos Dufrenoy, Notaire rue Vivienne, il reſtoit encore audit jour premier Juillet, trois cens quatre-vingt-ſept livres treize ſols ſix deniers à dépenſer pour eux.

On pourra à l'avenir procurer à ces enfans la facilité d'apprendre un des quatre métiers les plus utiles à la Société. Le premier, celui de Soldat qui fera toujours regardé comme le plus honorable de tous, lorſque ſon temps fera complettement employé au profit de l'Etat. Le ſecond, eſt celui de Pionnier, le plus néceſſaire pour perfectionner l'Agriculture. Le troiſiéme, celui de Charpentier-Charron ; & le quatriéme, celui de Maréchal-Taillandier ; ces deux derniers métiers ſont les plus importans pour tous les travaux de la campagne, où ces deux eſpèces d'ouvriers, ainſi que les Pionniers, ſont trop rares & trop peu inſtruits.

Le Comte de Thelis n'en n'a que trop fait l'expérience, les Pionniers ne travaillent preſque tous que comme des automates ; ils ne ſavent la plûpart ni niveler, ni faire aucuns calculs ſur le tranſport des terres ; ſur mille, il n'en eſt pas deux qu'on puiſſe conſulter pour des réparations conſidérables. Les Charpentiers de campagne ne ſont gueres plus habiles. Les Forgerons-Taillandiers, ſont non-ſeulement mauvais & mal-à-droits ; mais ils employent de ſi mauvais matériaux par cupidité, que leurs outils ne font pas la moitié du fervice qu'ils devroient faire. Enfin ces trois efpèces d'ouvriers font embarraffés aux chofes les plus fimples. Si au contraire on fe fervoit de Soldats pour tous les outils néceffaires à l'établiffement pro-pofé, il y auroit de l'émulation entre eux, ils fe perfectionneroient fous les yeux d'habiles ingénieurs ; les enfans élevés dès l'âge le plus tendre à de fi bonnes écoles, formeroient d'excellens ouvriers par la fuite.

Le Comte de Thelis avoit fait faire un charriot à plomber par des Char-pentiers de campagne, qu'ils entrepri-rent avec peine. Les roues d'une feule piéce avoient fix pouces de large, & huit pouces de diametre fans être ferrées. Ce charriot en forme de tombereau bas, devoit fervir pour plomber les chemins neufs. L'effai qui en fut fait pendant trois jours, avoit affez bien réuffi pour efpérer que cette machine perfectionnée produiroit un très-grand effet ; le Comte de Thelis efpere s'en fervir plus utile-ment en élevant les roues comme celles des charriots ordinaires, & en ferrant les jantes qu'il compte réduire à quatre pouces, en plaçant toute-fois les roues de derriere fur une voie plus large de huit pouces que celles de devant.

Pour rendre cet établissement plus utile, il faudroit faire un dépôt pour la construction de tous les outils, qui seront faits par les Soldats attachés à l'établissement, & avoir une forge ambulante pour les réparations journalieres.

NOMS des Citoyens Patriotes qui ont bien voulu contribuer aux frais du Chemin de Feurs à Montbrison par ordre de paiement.

1. M. l'Archevêque de Lyon, 200 liv.
2. M. le Comte de Thelis, . 617
3. M. de Bigny, . . . 120
4. M. du Rosier, . . . 120
5. M. le Comte de St. Didier, 200
6. M. de la Chance, . . . 48
7. M. de Boen, ... 144
8. M. le Curé de Magneux, . 36
9. M. Imbert, ... 18
10 M. de la Mure, . . . 168
11. M. de Borne, ... 168
12. M. le Conte, ... 168
13. M. de Bonnefoy, . . . 24
14. Mad. de Rochefort, . 24
15. M. le Curé de Chambeon, 36
16. M. le Curé de Clépé, . 24
17. M. de Ponçins, . . . 150
18. M. de Boubée, . . . 24
19. M. l'Abbé Fougerouse, . 12
20. M. le Curé de Mornan, . 12

ci, 2313

	De l'autre part,	2313 liv.
21.	M. de la Combe, . . .	24
22.	Mde. Gras, ...	18
23.	Mde. de Noailly, . .	12
24.	M. Pariat, ...	48
25.	M. le Curé de Champ, .	12
26.	M. Barieux, ...	30
27.	M. de Meaux, . . .	84
28.	M. de l'Argentiere, . .	12
29.	Mde. de Maubou, . .	30
30.	M. Duguet, ...	72
31	M. le Curé de la Magdelaine,	12
32.	Mde. de Vaugirard, . .	12
33	M. le Chevalier de Vertamis,	24
34.	Mde. Dapina, ...	15
35.	Mde. Despérichon, . .	48
36.	M. le Commandeur de Lorras, ...	84
37.	M. Genet, ...	18
38.	M. Grailhe, ...	24
39.	M. le Curé de Ponçins, .	12
40.	M. Gaudin, ...	24
41.	M. Demons, ...	12
42.	M. du Chevalard, . .	36
43.	M. de St. Hilaire, . .	24
44.	M. David, ...	12
45.	M. Latannerie, . . .	18
46.	M. le Chanoine de Bigny,	18

ci, 3048

De l'autre part,		3048 liv.
47. Les Dames Urſulines,	.	24
48. M. l'Abbé Bourg,	. .	30
49. M. de Trezette,	. .	24
50. M. de Marcilly,	. . .	24
51. M. Duroſier pour des inconnus,	. . . . .	42
52. Les Dames de Ste. Marie,		24
53. M. Jamier,	. . . .	24
54. M. le Chanoine Bruyere,		12
55. M. le Chanoine Paſturel,	.	12
56. M. le Chanoine Chazal,		12
57. Mde. Dumont,	. . .	24
58. Mde. de Livron,	. . .	12
59. M. Mazoyer,	. . . .	24
60. M. de la Tour,	. . .	96
61. M. Gerentet,	. . . .	24
62. M. de Montrouge,	. .	12
63. M. Challaye,	. . . .	24
64. Mde. de Magneux,	. .	12
65. M. Dupuy,	. . . .	24
66. M. de Brioude,	. . .	18
67. M. Chapuy de Malcombe,		12
68. M. Chalain de Curaiſe,	.	12
69. M. Durand,	. . . .	24
70. M. Delaplagne,	. . .	24
71. Mde. Toinet,	. . . .	24
72. M. de Muſlieu,	. . .	24

ci,   3666

De l'autre part,   3666 liv.

73. M. le Curé de Savigneux,   12
74. M. de Grandry, . . . 12
75. M. le Doyen du Chapitre
     de Montbrifon, . . 24
76. M. Bourg, ... 12
77. M. Le Curé de St. André, 12
78. M. Goyet, ... 6

ci,   3744

Quoique le Comte de Thelis fe fut propofé de ne pas recevoir moins de douze livres de chaque Soufcripteur, il n'a pu refufer la générofité du fieur Goyet, dont il croit devoir rapporter ici l'action généreufe & peut-être unique qu'a faite ce bon Citoyen dans fa Paroiffe.

Action extraordinaire de bienfaifance.

Me. Michel Goyet, Notaire à Montbrifon, s'étant trouvé fur les bords de la Loire au Port-Colomb, Paroiffe de Clépé, lorfqu'un bateau chargé de trente-fix maçons fit naufrage, ce Fleuve étant débordé, il fe jetta à l'eau pour fauver les malheureux qui alloient périr, il eut le courage d'aller jufqu'à dix fois dans la Riviere, & fut affez heureux pour en retirer quinze maçons, une femme enceinte & un enfant.

Le Comte de Thelis a cru qu'un trait aussi frappant de courage & de générosité, meritoit d'être rapporté a un Souverain aussi bienfaisant que Louis XVI.

F I N.

T A B L E.